SELECTED POEMS BY ALAIN BOSQUET

SELECTED POEMS BY
ALAIN BOSQUET

translated by

Samuel Beckett

Lawrence Durrell

Wallace Fowlie

Jean and Elisabeth Malaquais

Ohio University Press

Copyright © 1972 by Editions Gallimard,
Quatre Testaments et Autres Poèmes,
1967, and 100 Notes pour une Solitude, 1970.

All rights reserved
Library of Congress Catalog Number: 71-181687
ISBN 0-8214-0112-2

Printed in the United States of America
by the Oberlin Printing Co.
Design by Hal Stevens

CONTENU

DEUXIÈME TESTAMENT	2
GROSSESSE	6
TU AS	8
DÉPOSSÉDÉS	10
CE LENDEMAIN	12
APRÈS MOIS	14
SANS DÉFINITION	16
CONTAMINÉE	18
CALENDES	20
SOIS TON SANG	22
MÉFAIT DU VERBE	24
LÈVRE EN EXIL	26
LE MONDE LÉZARD	28
MA SOEUR PRESQU'ÎLE	30
AVION	32
TROP DE POUVOIR	34
LE CHOIX SUPPOSE DES OBSÈQUES	36
VIVRE EST TUER	38
SANS LIMITES	40
SURPEUPLÉ DE TOI	42
UN ADIEU	44
LES DIEUX MÉFIANTS	46
HOMMES OU OBJETS	48
L'AMI CAILLOU	50
LE CHOU-FLEUR	52
LA COMÈTE QUI RIT	54
LE FRAGMENT	56
PARENTHÈSES	58
L'INEXPRIMÉ	60
VIA DI PRÈ	62
VÉRONE	64
SA BRUME OU SON BIEN-ÊTRE	66
L'ORTIE COMPREND SON ÉCRITURE	68

CONTENTS

SECOND TESTAMENT	3
PREGNANCY	7
YOU HAVE	9
DISPOSSESSED	11
TOMORROW	13
AFTER ME	15
WITHOUT DEFINITION	17
CONTAMINATED	19
KALENDS	21
BE YOUR BLOOD	23
THE WORD'S MISDEED	25
LIPS IN EXILE	27
LIZARD WORLD	29
MY SISTER PENINSULA	31
AIRPLANE	33
TOO MUCH POWER	35
A CHOICE IMPLIES A FUNERAL	37
TO LIVE IS TO KILL	39
UNBOUNDED	41
OVERPOPULATED WITH YOU	43
A FAREWELL	45
SUSPICIOUS GODS	47
MEN OR OBJECTS	49
FRIEND PEBBLE	51
THE CAULIFLOWER	53
THE LAUGHING COMET	55
THE FRAGMENT	57
PARENTHESES	59
THE UNEXPRESSED	61
VIA DI PRÈ (PRIEST STREET)	63
VERONA	65
HIS FOG OR HIS WELL-BEING	67
NETTLES CAN READ HIS WRITING	69

LES GUÊPES VONT PIQUER LES CATHÉDRALES	70
IL INVENTE UN VERTIGE	72
UN LAIT DE GRANDE PROFONDEUR	74
TOUTE CONSCIENCE EST MAMMIFÈRE, SE DIT-IL	76
EN SES POUMONS, IL CONSTRUIT UN THÉÂTRE	78
IL REND SA LIBERTÉ AU FLEUVE	80
DEUX FOIS PAR JOUR	82
PUISQU'ELLE EST NUE	84
A DÉFAUT D'ÂME	86
TRÈS SAGES, LES CRISTAUX VONT À L'ÉCOLE	88
LE CRAPAUD GOBERAIT LA LUNE	90
DURANT TOUT LE REPAS	92
QUEL PEINTRE MALADROIT	94
LE SYCOMORE	96
IL PLANTE UNE JACINTHE AU SEUIL	98
IL COMPTE LES SAISONS	100
AMÈRE	102
IL EST QUADRUPLE	104
S'IL SE PAYAIT DE LA SINCÉRITÉ	106
AU DÉSESPOIR IL DIT: "SOLEIL"	108
N'A-T-IL PAS CE MATIN SON ÂME	110
IL EST CHEZ SOI DANS L'ORIGINE	112
IL RALLUME LA NEIGE	114
LA ROSE A-T-ELLE DÉVORÉ LE ROSSIGNOL	116

THE WASPS WILL STING THE CATHEDRALS	71
HE INVENTS A VERTIGO	73
MILK TO A VERY GREAT DEPTH	75
ALL CONSCIOUSNESS IS MAMMIFEROUS, HE TELLS HIMSELF	77
IN HIS LUNGS HE BUILDS A THEATRE	79
HE SURRENDERS LIBERTY TO THE TIDE	81
TWICE A DAY	83
BECAUSE IT IS NUDE	85
FOR LACK OF A SOUL	87
TAME, THE CRISTALS GO TO SCHOOL	89
THE TOAD WOULD GOBBLE THE MOON	91
THE WHOLE MEAL THROUGH	93
WHAT CLUMSY PAINTER	95
THE SYCAMORE	97
HE PLANTS A HYACINTH AT THE DOOR	99
HE ADDS THE SEASONS UP	101
BITTER	103
HE IS FOURFOLD	105
SAY HE TREATED HIMSELF TO SOME SINCERITY	107
HE SAYS "SUN" TO DESPAIR	109
DOESN'T HIS SOUL THIS MORNING	111
HE FEELS AT HOME WITHIN ALL BEGINNING	113
HE REKINDLES THE SNOW	115
DID THE ROSE EAT THE NIGHTINGALE	117

MÉPRISE	118
UN CLOU POUR PENDRE L'ÂME	120
IL JETTE L'ANCRE DANS UN RÊVE	122
COMPRENDRE	124
L'ENFER EST QUOTIDIEN COMME UNE POMME	126
IL CRUCIFIE SES VERBES	128
GRAND-MÈRE ÉCUME	130
"MERCI D'ÊTRE MA PEAU"	132
LE MAÏS EST HONNEUR	134
UN TROTTOIR CHANGE DE RUELLE	136
IL CHOISIRAIT UNE PATRIE	138
IL S'ARRACHE UN INDEX	140
IL SE CONFOND	142
UN PROVERBE L'ENTRAÎNE	144
VERBE VOYOU	146
UN SOLEIL QUI ABOIE	148
CHAIR À CHAIR, PAGE À PAGE	150
IL VOIT DES ATTITUDES	152
MAINTENANT QU'IL A BU	154
POURQUOI FAUT-IL QUE LES LUNDIS	156
IL NE PEUT VIVRE QUE BRISÉ EN CENT MORCEAUX	158
AMOUR APRÈS AMOUR	160
SEPT CRIS POUR LA RUSSIE	166
LA TERRE ÉCRIT LA TERRE	178

FALLACY	119
A NAIL TO HANG THE SOUL	121
HE CASTS ANCHOR INTO A DREAM	123
TO UNDERSTAND	125
HELL IS COMMON AS AN APPLE	127
HE CRUCIFIES HIS WORDS	129
GRANDMOTHER FOAM	131
"THANKS FOR BEING MY SKIN"	133
MAIZE IS HONOR	135
A SIDEWALK SWITCHES LANES	137
HE WOULD CHOOSE A FATHERLAND	139
HE TEARS OFF HIS FINGER	141
HE BLENDS	143
A PROVERB DRAGS HIM	145
HOOLIGAN VERB	147
A SUN THAT BARKS	149
FLESH AGAINST FLESH, PAGE AGAINST PAGE	151
HE ESPIES ATTITUDES	153
NOW THAT HE HAS DRAINED	155
WHY MUST THE DAY	157
HE CAN ONLY LIVE IN SHIVERS	159
LOVE AFTER LOVE	161
SEVEN YELLS FOR RUSSIA	167
EARTH WRITES THE EARTH	179

SELECTED POEMS
BY ALAIN BOSQUET

DEUXIÈME TESTAMENT

En moi, c'est la guerre civile.
Mon oranger n'aime pas mes genoux;
ma cascade se plaint de mon squelette;
je dois choisir entre mon coeur
et ma valise où ronfle une île poignardée,
mon manuel d'histoire
et ma tête remplie
de souvenirs pendus.
Verbe à muqueuses!
objet qui te voudrais humain!
En moi, c'est la guerre civile.

      *   *   *

Achetez mes soupirs.
Prenez mes doutes.
Je vous donne un cornet de grimaces?
Quand j'aurai tout vendu,
j'irai renaître loin de moi,
entre une mangue fraîche,
un baiser très félin,
quelques objets sans nom.
Achetez mes espoirs.
Prenez mes certitudes.

SECOND TESTAMENT

In me, civil war.
My orange tree my knees displease;
my cascade rails against my bones;
mine between my heart to choose
and a stabbed island stertorous
in my valise, between my history book
and head crammed with throttled memories.
Mucous membraned Word!
Thing that wouldst be human!
In me, civil war.

      *   *   *

Fresh sighs for sale!
Prime doubts a penny!
Scowls going at a loss!
When I'm sold out I'll go
far from me and these among
be born again:
a mango warm from the bough,
a more than feline kiss,
a few objects without name.
Fresh hopes for sale!
Prime sooth a penny!

Je vous donne un cornet de sourires?
Je suis le marchand des quatre raisons.

        *   *   *

Couteau,
si par toi-même tu étais couteau,
je serais inutile
et périrais de n'avoir pas à te nommer.
Couteau,
tu ne serais pas un couteau
sans mes yeux qui te lèchent,
sans ma sueur qui te couvre de rouille.
Et moi,
sans ton métal,
sans la lune qu'il griffe,
je ne serais que feuille,
écume fatiguée,
nageoire sous la porte,
quart de nèfle mordue. . . .
Tu te sais toi par nous;
je me sais moi par moi face à toi-même.
Couteau de chair, homme d'acier:
chacun de nous survit de s'incarner dans l'autre.
Tu m'as forcé de me comprendre:
je saigne!
Tu t'es forcé d'être compris,
mais tu te brises!
O coupable rencontre!
Il faut réinventer
le couteau, couteau pur,
l'homme, l'homme tout seul:
jamais ils ne se connaîtront.

Smiles going at a loss!
Bargains, bargains, in and out of reason!

        * * *

Knife,
unaided were you knife,
then without purpose I and soon
to perish for no need of naming you.
Knife,
you were no knife
without my eyes to scour you,
my sweat to rust you over.
And I,
without your metal,
the moon it claws,
were but leaf,
foam that is weary,
a fin under a door,
a remnant of chewed medlar. . . .
You through us know you as you,
I me as me through me before your face.
Knife of flesh, man of steel,
incarnate in each other each lives on.
Me you constrained to understand myself:
I bleed!
You to be understood yourself constrained,
and break!
Oh culpable encounter!
Knife, pure knife,
must be invented anew,
and man, sole man:
two to each other never to be known.

Translated by Samuel Beckett

GROSSESSE

mon fils?
qu'il soit vautour ou tournesol
ma fille?
la comète qui geint
la pierre trop émue
pour s'arracher à la montagne
jour de grossesse
mes seuls jumeaux
seront la caille et l'okapi
courant sur la savane
n'accouche pas
d'un homme
d'un dieu
de moi-même squelette étourdi du néant

PREGNANCY

my son?
may he be a vulture or a sunflower
my daughter?
a comet whining
a stone too sentimental
to be torn from the mountain
on the day of the birth
my only twins
will be the quail and the okapi
running over the savanna
do not give birth
to a man
or to a god
or to myself skeleton stunned by the void

Translated by Wallace Fowlie

TU AS

à la place du coeur
un petit pain doré
sous ton aisselle
une ville si moite
qu'elle miaule
entre tes jambes
de quoi brûler le paradis
de quoi éteindre les enfers
dans l'oeil
l'espace y joue à n'être plus l'espace
quelques bougies
pour que la mer se couvre
d'étoiles querelleuses
partout
l'odeur qui me résume
car je suis entre nuque et nombril
ton insecte sacré

YOU HAVE

in place of a heart
a golden-brown roll
under your armpit
a town so damp
that it mews
between your legs
there is enough to burn paradise
enough to extinguish hell
in your eye
space plays at not being space
a few candles
for the sea to be covered
with quarrelsome stars
everywhere
the odor that sums me up
for between the nape of your neck and your navel I am
your holy insect

Translated by Wallace Fowlie

DÉPOSSÉDÉS

comme un jeune écureuil
choisit son arbre
tu m'as choisi pour devenir en moi
plus vive
que dans tes propres veines
et te voici debout
qui prolonges mes os
et surgis de ma bouche
puis t'échoues sur une île nouvelle
ô toi dépossédée de toi
pour la joie d'être mon jouet
ô moi dépossédé de moi
par ambition de t'habiter
l'échange est accompli
deux jeunes écureuils
cherchent en vain leur arbre

DISPOSSESSED

like a young squirrel
choosing its tree
you chose me to become in me
more alive
than in your own veins
and here you are upright
prolonging my bones
and rising up from my mouth
then being stranded on a new island
you who are dispossessed of yourself
for the joy of being my plaything
and I dispossessed of myself
through ambition to inhabit you
the exchange is carried out
two young squirrels
vainly look for their tree

Translated by Wallace Fowlie

CE LENDEMAIN

j'ai rendez-vous
avec un horizon rapace
pour lui parler de toi pour lui mentir
pour succomber
j'ai lu ta lettre à haute voix
devant les cent quatorze capitales
de la planète
aussitôt écroulées
je te rapporterai des fleuves doux
comme des zèbres nés dans les nuages
je te retrouverai
vénéneuse et plus chère
qu'aux océans
les grands requins qui sautent

TOMORROW

I have an appointment
with a rapacious horizon
to speak to him about you to lie to him
to succumb
I read out loud your letter
to the one hundred fourteen capitals
of the planet
that collapse on the spot
I will bring rivers back to you as sweet
as zebras born in clouds
I will find you again
poisonous and dearer
than leaping sharks
are to their oceans

Translated by Wallace Fowlie

APRÈS MOI

l'univers rugira
j'invente une prière
pour te béatifier
l'univers barrira
j'invente
la cathédrale
pour tes cheveux
autour d'une île mammifère
l'univers déchiré coassera
j'invente un dieu
pour qu'après mon suicide
tu lui lèches les mains
l'univers se taira
libellule mystique

AFTER ME

the universe will roar
I invent a prayer
to beautify you
the universe will bellow
I invent
the cathedral
for your hair
around a mammalian island
the stricken universe will croak
I invent a god
so that after my suicide
you will lick his hands
silence will cover the universe
mystical dragon-fly

Translated by Wallace Fowlie

SANS DÉFINITION

l'amour
cet océan pour antilopes folles
l'amour
cet oeil qui cloue mon oeil
sur l'étoile trop ivre
l'amour
cette valise où dorment les toucans
qui nous ressemblent
l'amour
ce soleil qui proteste
d'être en exil sous ses propres genoux
l'amour l'oubli
et les mots affamés
qui rongent cette mandarine
notre mémoire

WITHOUT DEFINITION

love
that ocean for mad antelope
love
that eye nailing my eye
on a star too drunk
love
that valise where toucans sleep
that look like us
love
that sun that protests
at being in exile under its own knees
love oblivion
and the famished words
gnawing that tangerine
our memory

Translated by Wallace Fowlie

CONTAMINÉE

tu n'es intacte
qu'au fond de ce poème
né sans moi né sans toi
si mammifère
il a mangé ton coude ce bon pain
et dormi sur ma hanche cette plage
c'est le dernier écrit du monde
celui où toutes les syllabes
signifient toi toi toi
il est si doux quelques délires
il est si calme cent frissons
après lui le soleil deviendra tarentule
et l'océan plus sec
que ton genou sans ma salive
tu n'es intacte qu'à l'abri
de ce poème

CONTAMINATED

you are intact
only at the heart of this poem
born without me born without you
so mammalian
it ate your elbow such good bread
and slept on my hip such a good beach
it is the last writing in the world
where every syllable
means you and you and you
it is so mild just a few deliriums
it is so quiet just a hundred tremblings
after it the sun will be a tarantula
and the ocean drier
than your knee without my saliva
you are intact only within the shelter
of this poem

Translated by Wallace Fowlie

CALENDES

un an de joie
entre tes lèvres sous-marines
un siècle de souffrance
entre tes mains cigognes sous la neige
un millénaire de terreur
sous ta nuque statue
à la mémoire
des choses violées
je te veux éternelle
comme le doute ce renard
parmi les animaux trop domestiques
mes certitudes

KALENDS

one year of joy
between your undersea lips
one century of suffering
between your hands storks under snow
a millennium of terror
under the nape of your neck a statue
to the memory
of raped things
I want you everlasting
as doubt that fox is
among over-domesticated animals
my assurances

Translated by Wallace Fowlie

SOIS TON SANG

— jeune plumage
— sois simple comme ton aisselle
— lourde colonne
— sois naturel comme ta nuque
— discours du serpent fou
— sois fidèle à ta peau à ta lèvre
— refus de l'azur qui fermente
— sois l'ami de ton verbe natal
— moustique aux morsures de tigre
— sois ton oeil sois ton sang

BE YOUR BLOOD

— young feathers
— be simple like your armpit
— heavy column
— be natural like the nape of your neck
— words of the mad snake
— be faithful to your skin to your lip
— refusal of the fermenting blue
— be the friend of your native speech
— mosquito with the tiger's bite
— be your eye be your blood

Translated by Wallace Fowlie

MÉFAIT DU VERBE

j'ai souvenir
d'un souvenir
où tout était visage de rosée
soleil intime entre les doigts
fleuve à genoux
pour recevoir une caresse
j'ai souvenir
d'un souvenir
où tu étais précise et pure
et c'est la poésie déjà
qui t'invite au suicide
puisque souffle après souffle
je t'invente et t'invente et t'invente
et nous perds tous les deux
à te réinventer

THE WORD'S MISDEED

I recall
a memory
where all was dew-covered countenance
an intimate sun in my hand
a kneeling river
to welcome a caress
I recall
a memory
when you were direct and pure
and already it is poetry
inviting you to suicide
since breath after breath
I invent you and invent you
and bewilder both of us
in reinventing you

Translated by Wallace Fowlie

LÈVRE EN EXIL

— une lèvre en exil
qui se tord qui se tord
— nos amours en dix-huit essuie-mains
— que choisis-tu
l'orange ou la postérité?
— même l'azur est adultère
— étreignons-nous pour ne plus nous comprendre
— ton vertige a combien de carats?
— je voudrais être ton aisselle
— je suis plus royaliste
que ton genou

LIPS IN EXILE

— lips in exile
that twist and twist
— our loves in eighteen towels
— which do you choose
an orange or posterity?
— even the blue is adulterous
— let us embrace to forfeit all understanding
— how many carats has your dizziness?
— I wish I were your armpit
— I am more royalist
than your knee

Translated by Wallace Fowlie

LE MONDE LÉZARD

— l'aile ou la cendre?
— j'ai déplacé notre soleil
— le journal ou la chatte?
— j'ai corrigé la nuit pubère
— l'icône ou la ciguë?
— j'ai trépané notre montagne
— l'obélisque ou la grêle?
— j'ai recousu le fleuve
— le crabe ou le vertige?
— j'ai réveillé nos îles froides
— la légende ou le doute?
— j'ai convaincu le monde
il se fera lézard

LIZARD WORLD

— wing or ashes?
— I displaced our sun
— newspaper or cat?
— I corrected the pubescent night
— ikon or hemlock?
— I trepanned our mountain
— obelisk or hail?
— I sewed up the river again
— crab or dizziness?
— I woke up our cold islands
— legend or doubt?
— I convinced the world
it will become a lizard

Translated by Wallace Fowlie

MA SOEUR PRESQU'ÎLE

— vite un baiser
— d'iguane ou d'archipel?
— tu te souviens
les royaumes partaient dans le cobalt
pour un rire éclaté
pour un objet qui n'avait pas de domestiques?
— tu mens
les roses se couchaient sur toi comme des tigres
— sois doux sois doux comme un tangage
— l'amour n'est plus que la ciguë
— j'avoue que j'ai vendu mes seins
à l'oiseau de l'enfer
— ma soeur presqu'île

MY SISTER PENINSULA

— quick a kiss
— of iguana or archipelago?
— do you remember
kingdoms departed in cobalt
for a burst of laughter
for an object that had no servants?
— you lie
roses would stretch over you like tigers
— be gentle be like gentle pitching
— love now is only hemlock
— I confess I sold my breasts
to the bird of hell
— my sister peninsula

Translated by Wallace Fowlie

AVION

dans les froides provinces du néant
les gratte-ciel tendent le cou
pour te happer
oiseau sans ailes
les horizons s'habillent de potences
quelques aviateurs
font leur plein de dégoûts sidéraux
la plus grande statue
brandit par la mâchoire une jument qui crie
planète nue planète nue
tu es enfin si perpendiculaire
à notre volupté
dont les fenêtres nous coupaient les bras
j'ordonnerai qu'on lâche sur la ville
des bouledogues violets

AIRPLANE

in the cold provinces of the void
skyscrapers stretch out their necks
to snap you up
wingless bird
horizons are dressed in gallows
a few aviators
fill up with sidereal loathings
the biggest statue
brandishes in its jaws a mare crying out
bare planet bare planet
at last you are perpendicular
to our senses
whose windows cut off our arms
I will give an order for purple bulldogs
to be let loose on the city

Translated by Wallace Fowlie

TROP DE POUVOIR

— et l'espace félon?
— j'ai trop de nids pour toi
— et la parole qui abdique?
— j'ai trop d'extase avant l'extase
— et l'esprit qui s'entoure de peaux?
— j'ai trop d'amour à dévoyer
— et le silence
trahi par le silence?
— trop de pouvoir
pour un être inventé

TOO MUCH POWER

— what of disloyal space?
— I have too many nests for you
— and words that abdicate?
— I have too much ecstasy before ecstasy
— and the mind surrounded with skins?
— I have too much love to mislead
— and silence
betrayed by silence?
— too much power
for an invented man

Translated by Wallace Fowlie

LE CHOIX SUPPOSE DES OBSÈQUES

— lourde cigogne
— ton oeil est sacrilège
— lune rampante
— tu me prononces tu m'épelles
— aurore détournée
— tu vis tu vides l'existence
— lèpre ou séisme ou mimosa impératif
— le choix
suppose des obsèques

A CHOICE IMPLIES A FUNERAL

— heavy stork
— your eye is a sacrilege
— crawling moon
— you pronounce me you spell me
— diverted dawn
— you live you empty out existence
— leprosy or earthquake or imperious mimosa
— a choice
implies a funeral

Translated by Wallace Fowlie

VIVRE EST TUER

— tu lis
— un puma dans le coeur
— tu vois
— un volcan dans les yeux
— tu crains
— une île sur l'épaule
— tu vis
— vivre est tuer la terre
— tu meurs
— mourir est abîmer l'espace

TO LIVE IS TO KILL

— you read
— a cougar in your heart
— you see
— a volcano in your eyes
— you fear
— an island on your shoulder
— you live
— to live is to kill the earth
— you die
— to die is to damage space

Translated by Wallace Fowlie

SANS LIMITES

— le ciel est trop carré
— mais courbe je le touche
— la neige est trop barbare
— mais douce je la bois
— la ville a des vertèbres
— pour que tu les empruntes
— le fleuve a des banquises
— pour t'offrir des statues
— le métro quel éclair!
— ainsi brûle ma gorge
— et tous ces ponts qui sautent!
— pour être près de nous
— le siècle est trop rapide
— nous le ralentirons
— l'espace a trop d'étages
— nous percerons le toit

UNBOUNDED

— the sky is too square
— but curved I touch it
— the snow is too barbaric
— but I drink it sweet
— the city has vertebrae
— so that you can borrow them
— the river has ice-floes
— to offer you statues
— the subway what lightning!
— that is the way my throat burns
— and all those bridges that are blowing up!
— to be close to us
— the century is too swift
— we will slow it down
— space has too many floors
— we will open up the roof

Translated by Wallace Fowlie

SURPEUPLÉ DE TOI

assassiner cette mémoire
qui sans pardon me livre
tes formes tes sueurs tes jambes
d'où sortaient des pouliches
plus caressantes que l'aurore
tous mes squelettes m'ont quitté
je suis la peau en peine
qui erre à la recherche d'un oubli
sommes-nous confondus
comme langue et palais
dans une même bouche?
et mon suicide est d'accepter
que tu me peuples
et me surpeuples
et m'expulses de moi

OVERPOPULATED WITH YOU

I will murder that memory
which without mercy offers me
your form your sweat your legs
out of which came fillies
more affectionate than the dawn
all my skeletons have left me
I am flesh in pain
wandering about in search of oblivion
are we confused
like tongue and palate
in the same mouth?
and my suicide is allowing
you to populate me
and overpopulate me
and expell me from myself

Translated by Wallace Fowlie

UN ADIEU

je ne te verrai plus
c'est la mer à vider
c'est le ciel à vêtir
ton visage déjà gagne les arbres
et pendant quinze siècles
ton rire je le chercherai
sous les objets de proie
je ne te verrai plus
c'est la lune à cueillir
c'est l'espace et les autres espaces
à loger dans mes veines
tes genoux roulent sous le fleuve
tes clavicules brillent
sur la peau des falaises
je ne te verrai plus
c'est la mort à tromper
c'est la planète à mordre
avec les mille dents que m'a données l'absence

A FAREWELL

I will see you no more
here is the sea to empty
here is the sky to clothe
your face has already reached the trees
and for fifteen centuries
I will search for your laughter
under objects of prey
I will see you no more
here is the moon to pick
here is space and more space
to lodge in my veins
your knees roll under the river
your collar-bone shines
on the skin of cliffs
I will see you no more
here is death to trick
here is the planet to bite into
with the thousand teeth your absence gave me

Translated by Wallace Fowlie

LES DIEUX MÉFIANTS

"Non, non", disaient les dieux,
"s'il faut un oeil,
qu'il appartienne à la montagne."
"Non, non", disaient les dieux,
"s'il faut un rire,
qu'on l'offre à l'océan pour l'animer.
La parole au dindon,
au cactus, au ruisseau!
Et la pensée,
que le roc s'en empare,
pour mieux se reconnaître."
"Non, non", disaient les dieux,
"épargnons-nous
l'erreur humaine."

SUSPICIOUS GODS

"No, No," said the gods,
"if an eye is needed,
let it go to the mountain."
"No, no," said the gods,
"if laughter is needed,
let it be given to the sea to bring it to life.
Speech to the turkey,
to the cactus, to the stream!
And may the rock take hold of
thought
to recognize itself all the better."
"No, no," said the gods,
"let us spare ourselves
human error."

Translated by Wallace Fowlie

HOMMES OU OBJETS

les basiliques
s'écartelèrent
comme des filles sous l'amour
les grands palais de marbre
crachèrent leurs lionnes
sur l'étoile ennemie
le cimetière
dansa dansa
depuis huit jours
les hommes se changeaient
en cheminées siphons poubelles
costumes sans corps à vêtir

MEN OR OBJECTS

the basilicas
spread out in quarters
like girls making love
the great marble palaces
spit out their lionesses
on the enemy star
the graveyard
danced and danced
for a week
men changed
into chimneys siphons and ashcans
costumes with no body to clothe

Translated by Wallace Fowlie

L'AMI CAILLOU

Caillou,
au lieu de dire:
"Bonjour, caillou",
je devrais t'admirer
si longtemps, si longtemps,
que tu acceptes
de parler à ma place.
"Bonjour, poète",
me dirais-tu, et même
"Bonjour, caillou",
pour me prouver
que tu n'es pas dupe des mots.
Alors, caillou moi-même,
et plus digne de toi,
j'aspirerais
à devenir un homme.
Nous serions frères,
et si jaloux
de notre nature trahie.

FRIEND PEBBLE

Pebble,
rather than saying:
"Hello, pebble,"
I should admire you
for indeed so long a time
that you will agree
to speak in my place.
"Hello, poet,"
you would say to me, and even
"Hello, pebble,"
to prove to me
that you are not deceived by words.
Then, myself a pebble,
and more worthy of you,
I would aspire
to become a man.
We would be brothers,
and so jealous
of our betrayed nature.

Translated by Wallace Fowlie

LE CHOU-FLEUR

la gabardine
parle de son veuvage
la moquette prétend qu'on l'humilie
le train qui entre en gare
pense incarner la tristesse du monde
et la poubelle avec son vieux chou-fleur
ne songe qu'au suicide
or l'homme se voudrait
moquette gabardine
train sans gare ni rail
seul le chou-fleur a l'air heureux
de pourrir sans savoir qu'il pourrit
ni qu'il est un chou-fleur

THE CAULIFLOWER

the raincoat
speaks of its widowhood
the carpet claims it is humiliated
the train going into the station
thinks it incarnates the world's sadness
and the ashcan with its old cauliflower
dreams only of suicide
so man would see himself
carpet raincoat
train without station or track
alone the cauliflower seems happy
at rotting without knowing it rots
or that it is a cauliflower

Translated by Wallace Fowlie

LA COMÈTE QUI RIT

Je caresse le mot "cristal".
J'ouvre un livre qui m'aime.
Je dis aux domestiques:
"On livrera vers les cinq heures
une comète;
prenez-en soin:
c'est pour nourrir ma légende malade."
Je sors. Où est la rue?
Et l'univers, pourquoi disparaît-il
le seul jour de l'année
où il est habitable?
Je rentre.
Où est le livre?
Où sont les serviteurs?
Je n'entends plus le mot "cristal".
Mais voici la comète,
qui rit, qui rit.

THE LAUGHING COMET

I caress the word "crystal."
I open a book that loves me.
I say to the servants:
"A comet
will be delivered about five o'clock;
take good care of it:
it is to nourish my sick legend."
I go out. Where is the street?
And why would the universe disappear
the one day of the year
when it is habitable?
I go home.
Where is the book?
Where are the servants?
I no longer hear the word "crystal."
But here is the comet
laughing, laughing.

Translated by Wallace Fowlie

LE FRAGMENT

Je suis une virgule :
à vous de deviner le texte.
Je suis un oeil :
à vous de décider
s'il appartient
au reptile, à l'oiseau,
au brouillard qui se pend.
Je suis le reste
de quelque capitale,
de quelque théorème
qu'il faudra démontrer.
Je suis la cendre,
je suis l'épi :
tout est brûlé,
tout va renaître.
J'inspire :
n'exigez plus de moi
d'être inspiré.

THE FRAGMENT

I am a comma:
it is up to you to guess the text.
I am an eye:
it is up to you to decide
whether it belongs
to the snake, to the bird,
to the fog that is hanging itself.
I am what remains
of some capital,
of some theorem
that must be proved.
I am ashes,
I am an ear of corn:
all is burned,
all is to be reborn.
I inspire:
do not force me any more
to be inspired.

Translated by Wallace Fowlie

PARENTHÈSES

je suis un essuie-mains souillé
(heureux d'être si malheureux)
je suis ce que vous dites que je suis
montre fourrure drapeau sous l'orage
(indifférent même à l'indifférence)
je suis neige qui dort
neige qui tue
(autre pour tous les autres)
je suis d'avoir perdu tant de matière
(poli poli poli)

PARENTHESES

I am a soiled towel
(happy to be so unhappy)
I am what you say I am
watch fur flag in a storm
(indifferent even to indifference)
I am snow that sleeps
snow that kills
(someone else for all the others)
for having lost so much material I am
(polished polished polished)

Translated by Wallace Fowlie

L'INEXPRIMÉ

Tu oses
identifier
le mot "girafe"
et l'animal qui tangue dans la brousse.
Tu assassines par le mot.
Tu crucifies
par le proverbe.
Tu veux que le chien-dent,
ô misérable! reste le chien-dent.
Tu mourras cette nuit:
vengeance de l'inexprimé.

THE UNEXPRESSED

You dare
identify
the word "giraffe"
and the animal that pitches in the bush like a boat.
You murder with a word.
You crucify
with a proverb.
You want couch-grass
O wretch! to remain couch-grass.
You will die tonight:
vengeance of the unexpressed.

Translated by Wallace Fowlie

VIA DI PRÈ

— combien la fille?
— une portion de jeunes poulpes
— combien cette existence de marin?
— un artichaut qui rit
— pour qui ce soupir trop sucré?
— pour le trois-mâts qui ne partira plus
— pour qui le soleil roux?
— pour le Sénégalais
qui l'a volé comme une montre
— qu'attendent les pastèques?
— le proxénète le boxeur le caporal
qui les égorgeront

VIA DI PRÈ (PRIEST STREET)

— the girl is how much?
— a helping of young octopuses
— this sailor's life is how much?
— a laughing artichoke
— who is this sickly-sweet sigh for?
— for the three-masted ship that will not leave
any more
— who is the red sun for?
— for the Senegalese
who stole it like a watch
— what are the water-melons waiting for?
— the pander the boxer the corporal
who will cut their throats

Translated by Wallace Fowlie

VÉRONE

Au Musée de Vérone,
j'ai découvert dans un triptyque :
à gauche, ma nativité,
avec un okapi, un zébu maigre,
des badauds très surpris ;
à droite, ma résurrection
parmi les orchidées
ouvertes sur des bouches bleues ;
et au centre ma mise en croix.
Je souriais parmi les clous.
Le peintre devait être du Seizième,
Bassano, le Titien...
On n'a pas pu me renseigner.
Je suis entré dans le tableau,
ma tombe.

VERONA

In the Museum of Verona
I discovered in a triptych:
on the left, my nativity,
with an okapi, a thin zebu,
and some very surprised looking gapers;
on the right, my resurrection
in the midst of orchids
opened on blue mouths;
and in the center my crucifixion.
I was smiling in the midst of the nails.
The painter must have been from the 16th,
Bassano, Titian . . .
No one could tell me exactly.
I entered the picture,
my tomb.

Translated by Wallace Fowlie

SA BRUME OU SON BIEN-ÊTRE.

La mer abîme tout.
Son exercice: devenir un arbre.
A l'eau il aimerait donner des murs;
au mur, de l'eau qui chante.
Il interroge un feu.
Trahir la chair est si facile.
A la montagne il découvre un honneur
que l'on dirait de vieille neige.
Quel inventaire, un seul oiseau?

HIS FOG OR HIS WELL-BEING.

The sea ruins everything.
His exercise: to become a tree.
He'd so like to give water walls,
And to walls the singing water.
He interrogates a fire.
So easy it is to betray the flesh.
On the mountain he discovers an honor,
One might have said, of ancient snow.
What an inventory, a sole bird?

Translated by Lawrence Durrell

L'ORTIE COMPREND SON ÉCRITURE.

La plaine écoute ses exploits.
Le coquillage éclate
pour livrer ses musiques.
Il sait que la maison vieillit comme une paume.
Il aurait l'âge
du doute qui est plomb.
Parmi les fleurs trop simples
il imagine
trois lionceaux jouant.
Une seconde vie
punirait la première.

NETTLES CAN READ HIS WRITING.

The plains ring with his exploits.
The seashell explodes
To deliver up his musics.
He knows that the house ages like a palm.
He must have reached the
Leaden age of doubt.
Among the too simple flowers
He visualises
Three lion cubs at play.
A second life
Would punish the first one.

Translated by Lawrence Durrell

LES GUÊPES VONT PIQUER LES CATHÉDRALES.

Il s'agenouille,
mais a-t-il des genoux?
Il éprouve le temps
comme une veine au poignet d'un malade.
L'herbe serait amie
s'il pouvait lui parler.
Il sait pourtant qu'un mot suffit
au naufrage du ciel.
Il s'est peuplé de faux miroirs.

THE WASPS WILL STING THE CATHEDRALS

Down he kneels,
But has he any knees?
He experiences all time
Like a vein in a sick man's wrist.
Grass would be a friend
If he could only talk to it.
Anyway, one word is enough he knows
For the sky's shipwreck.
He has peopled himself with flawed mirrors.

Translated by Lawrence Durrell

IL INVENTE UN VERTIGE.

Il marche en soi pour mieux se disperser.
Un poulain l'aime trop,
une jument ne pense rien de lui.
Combien faut-il de patines pour l'âme?
Des soleils se poursuivent,
comme des scarabées sur son épaule.
Une absence a changé d'écorce.
Il caresse une pierre,
y découvrant à tort quelques colombes.

HE INVENTS A VERTIGO.

He walks in himself for his own dispersal.
A colt is too much in love with him,
A mare thinks nothing of him.
How many patinas for the heart?
Suns follow one upon another
Like scarab beetles on his shoulder.
An absence has changed barks.
He strokes a stone,
Mistakenly finding there doves.

Translated by Lawrence Durrell

UN LAIT DE GRANDE PROFONDEUR.

S'il avait eu un fils,
il lui aurait parlé des horizons
où les verbes rebelles
dévorent chaque jour quelques navires.
Comment paver la plage obéissante?
La lune enfin se déshabille.
En lui naissent tant de mesures!
Il suscite, il suscite:
c'est pour mieux maîtriser les ténèbres.

MILK TO A VERY GREAT DEPTH.

If he had a son
He would speak of horizons
Or of rebellious verbs
Champing up each day a few liners.
How to pave the obedient beach?
The moon at last undresses.
So many measures are born in him!
If he invites, if he provokes,
It's to make the mastery of the shadows easier.

Translated by Lawrence Durrell

TOUTE CONSCIENCE EST MAMMIFÈRE, SE DIT-IL.

Comme le vol très gras de la mouette,
sur toute chose
il met ses mots imprononçables.
Les eaux s'arrêteront.
Les orangers n'iront pas en exil.
Une patience
s'installera dans les métaux trop durs.
Il a quelque pouvoir :
on dirait une écume
poussant un petit crabe.

ALL CONSCIOUSNESS IS MAMMIFEROUS, HE TELLS HIMSELF.

Like the corpulent flight of the seagull
Upon everything
He imprints his unpronounceable words.
The waters will come to a halt.
The orange trees won't go into exile.
A whole patience will
Install itself in metals which are too hard.
He has a certain power:
You could say a seaflake
Pushing a tiny crab.

Translated by Lawrence Durrell

EN SES POUMONS, IL CONSTRUIT UN THÉÂTRE.

L'aube n'est-elle pas sa comédie?
Pour se sentir vivant,
il se mettrait en dialogues.
C'est l'heure de farder les forêts vierges.
Une colline boude;
une lune se fâche.
Il sait que le bourgeon du cerisier
est son seul interprète.

IN HIS LUNGS HE BUILDS A THEATRE.

The dawn—isn't it his whole comedy?
To feel a little bit alive
He would put himself into dialogues.
Time to powder the virgin forests!
A hillside sulks;
A moon gets angry.
He knows the cherry's bud
Is his only interpreter.

Translated by Lawrence Durrell

IL REND SA LIBERTÉ AU FLEUVE,

souhaite bonne chance
aux trois soleils qui travaillaient chez lui.
Même les îles qu'il aima devront déménager.
Ce soir il se choisit un nouveau dieu,
que l'azur entérine.
Les pierres feront un effort.
Une tortue, pourtant, secouée par son asthme,
proteste.

HE SURRENDERS LIBERTY TO THE TIDE,

Wishes the best of luck all round,
To the three suns which worked for him.
Even the islands he loved must move house.
Tonight he'll choose himself another god,
Approved by the blue.
The stones will make an effort.
But a tortoise shaken by asthma
Goes on protesting.

Translated by Lawrence Durrell

DEUX FOIS PAR JOUR

l'étoile prend racine.
Les plus belles pensées ne valent
qu'un demi-feu.
Sa maison est cruelle :
dès qu'il s'endort,
le toit descend jusqu'à sa bouche.
Comme une plante vénéneuse,
il assassine la justice en son jardin.
C'est au galop qu'il doit se traverser.

TWICE A DAY

The star takes root.
The most beautiful thoughts are worth only
A half fire.
The house is cruel:
The very minute he's asleep
The roof comes down over his mouth
Like a poisonous plant.
He murders justice in his garden.
He must run across himself at full gallop.

Translated by Lawrence Durrell

PUISQU'ELLE EST NUE

il épouse la brique.
Toute pénombre
est une soeur aimée.
Il a confiance en ce poisson,
et discute avec lui d'un alphabet nouveau.
Il se creuse un chemin
jusqu'au coeur, dirait-on,
de cette autre planète.
Des choses très mesquines,
des ceintures de cuir sans doute,
l'empêchent
de dominer les cyprès religieux.
Il trouve dans la rouille une folle chanson.

BECAUSE IT IS NUDE

He marries the brick.
Every penumbra
Is a beloved sister.
He's got confidence in this fish
And argues with him over a new alphabet.
He digs himself a road
Right to the very heart, you might say,
Of this other planet.
Things extremely wicked
Leather belts, no doubt,
Prevent him
From dominating the religious cypresses.
He finds in the rust a crazy song.

Translated by Lawrence Durrell

A DÉFAUT D'ÂME,

il aimerait avoir un second corps.
Les écureuils sautant sur la pelouse
auraient-ils peur de ses mains tièdes?
Il juge mal
la mousse et les mots qui le couvrent.
Trop intense, il aspire
à vivre à sa surface.
Parfois il se change en horloge.

FOR LACK OF A SOUL

he'd love to have another body.
Might the squirrels sauntering on the grass
fear his lukewarm hands?
Ill does he appraise
the moss and the words upon him.
Tautly, he strives
to live on his own surface.
Sometimes he turns into a clock.

Translated by Jean and Elisabeth Malaquais

TRÈS SAGES, LES CRISTAUX VONT À L'ÉCOLE.

Connaîtrait-il son autre nom,
celui-là que murmure une résine?
Le vendredi, le sang est navigable.
Le perroquet ni le serpent
ne doivent plus le confesser.
Il est heureux comme un tambour
dans sa clairière,
sous la chute des fruits.
Là-bas, de gros pays seront en flammes.
En lui la bête est si profonde.

TAME, THE CRISTALS GO TO SCHOOL.

Might he know his other name,
the one resins whisper?
On Fridays, blood is seaworthy.
Parrot nor snake
should hear him in confession.
He is happy as a drum
in the clearing
under the falling fruit.
Yonder, fat lands will be ablaze.
In him so deep is the beast.

Translated by Jean and Elisabeth Malaquais

LE CRAPAUD GOBERAIT LA LUNE.

Un livre en pleurs,
un tabac recraché,
une peau de lapin qui n'a jamais servi :
c'est tout ce qu'il possède.
Il se croit libre,
et flâne entre soi-même et soi.
Quelque part dans ses bronches
il a dressé des réverbères :
il sait qu'il a le droit de s'appuyer.
Si la matière était sa chute?

THE TOAD WOULD GOBBLE THE MOON.

A book that cries,
a tobacco spittle,
a rabbit skin never in use:
that's all he owns.
He believes he is free
and bums between self and self.
Down in his wind-pipe,
he pitched many a lamp-post:
he knows he has a right to lean.
What if matter were his fall?

Translated by Jean and Elisabeth Malaquais

DURANT TOUT LE REPAS,

il insulte la rose.
Avant de s'endormir,
il lui dit: "Pauvre insecte."
Le soir, quand tout se multiplie,
il veut la caresser
mais ne la trouve plus.
Il écrirait une ode en son honneur.
Avec elle sont mortes
toutes les roses de la terre,
et sa plume refuse
de la nommer.
Il ne lui reste plus qu'à devenir la rose.

THE WHOLE MEAL THROUGH

he shames the rose.
Before sleep,
he calls her: " Wretched insect. "
Nights, when all is manifold,
he wants to caress her,
but she has gone.
He'd write an ode in praise of her.
With her has died
every rose on earth,
and his pen recoils
at naming her.
All he can do is become the rose.

Translated by Jean and Elisabeth Malaquais

QUEL PEINTRE MALADROIT

répand du ciel sur chaque paysage?
Quel sculpteur insensé
pourvoit les arbres de béquilles?
Il adjure le temps de prendre chair.
Il prête à son cousin l'espace
une lèvre, une épaule,
pour établir le dialogue.
Voici dix ans que son squelette
refuse de le suivre.
Les équateurs ont tant de trous.

WHAT CLUMSY PAINTER

spills every landscape with sky?
What foolish sculptor
props the trees with crutches?
He begs time to become flesh.
To space his cousin he lends
a shoulder, a lip,
to start a dialogue.
Ten years now his skeleton
has refused to follow.
Equators have so many holes.

Translated by Jean and Elisabeth Malaquais

LE SYCOMORE

serait son philosophe préféré.
Que de travaux :
ordonner à la pluie de revenir au ciel,
laver le vieux volcan
de ses baves ternies,
pousser la mer jusqu'à l'horizontale,
apprendre à ce bitume
deux ou trois mots d'amour,
se faire enfin galet
qui roule et qui ne roule pas.
Seule une cendre signifie.

THE SYCAMORE

might prove his favorite thinker.
So many labors:
to order the rain back into the sky,
wash the dull cinder
off the old volcano,
shift the sea horizontal,
teach the asphalt
two or three words of love,
at last to become a pebble
that rolls and rolls not.
Only ashes mean.

Translated by Jean and Elisabeth Malaquais

IL PLANTE UNE JACINTHE AU SEUIL.

Plusieurs fois, il rend grâces.
C'est aujourd'hui l'anniversaire
du grand oubli.
Il salue l'horizon,
invite un méridien à dormir sous son toit.
Il n'a plus de passé,
ni de dimanche sous les meubles.
Il est l'ami de tous.
Depuis vingt ans,
chaque jour est la veille de sa mort.

HE PLANTS A HYACINTH AT THE DOOR.

Several times, he offers thanks.
Today is oblivion's
anniversary.
He greets the horizon,
beacons a meridian under his roof.
He has past no longer
nor Sundays under the boards.
He is everybody's friend.
Twenty years now,
each day marks the eve of his death.

Translated by Jean and Elisabeth Malaquais

IL COMPTE LES SAISONS :

trois ananas, quatre simouns, cinq marées hautes.
Pour lui le siècle est décédé
comme un chien dans les algues.
L'avenir, n'est-ce pas ? s'endort comme un vautour.
Un limon gagne.
Une âme se constelle.
Une caresse n'a pas d'avenir.
Oh, l'innocence du refus.

HE ADDS THE SEASONS UP:

three pineapples, four sand-storms, five rising tides.
For him the century is dead
as a dog among seaweed.
The future, doesn't it? falls to sleep like a vulture.
A silt is nearing.
A soul shoots into a star.
A caress bears no future.
O, the innocence of refusal.

Translated by Jean and Elisabeth Malaquais

AMÈRE

comme un cresson
est sa lucidité.
Il aimerait ne plus régner sur soi,
et s'entretient avec un petit dieu
qui reprendrait la gérance du corps,
le dressage de l'âme.
L'heure est venue d'hypothéquer l'esprit.
Le petit dieu
signe le parchemin.

BITTER

as water-cress
his lucidity.
He'd rather not lord it over himself,
and he debates with a little god,
who might manage his body,
train his soul.
Time has come to mortgage his spirit.
The little god
underwrites the parchment.

Translated by Jean and Elisabeth Malaquais

IL EST QUADRUPLE :

celui qui rend humains tous les objets,
celui qui fait de l'homme
un soleil vénéré parmi les astres,
celui qui sait
mais de toutes ses forces
refuse de savoir,
celui qui de sa foi déduit l'indifférence.
Il est multiple
comme une abeille devenue peuple d'abeilles.
Quand on lui parle d'unité,
il se saisit le ventre
pour aussitôt mourir,
massacreur de lui-même.

HE IS FOURFOLD:

the one who makes all objects human,
the one who turns man
into a sun worshipped among stars,
the one who knows
but fiercely refuses
to know,
the one who infers indifference from his faith.
He is several
like a bee become a nation of bees.
When he is told of unity,
he clutches his belly
and instantly dies,
his own slaughterer.

Translated by Jean and Elisabeth Malaquais

S'IL SE PAYAIT DE LA SINCÉRITÉ?

Il admettrait que le vieux cuir est un vieux cuir;
et le jardin, la chevelure
d'un cimetière.
Comme sa peau, l'heure est perfide.
Il se fait part.
Au fond d'un bric-à-brac:
cintres, marteaux,
éventails, guéridons, casquettes,
il trouve
son fragment d'existence.

SAY HE TREATED HIMSELF TO SOME SINCERITY?

He'd grant old leather is old leather;
and the garden, a shock of hair
over a cemetery.
Like his skin, the hour is treacherous.
He bewarns himself.
In the midst of odds and ends:
hangers, hammers,
fans, tables, caps,
he finds
a scrap of existence.

Translated by Jean and Elisabeth Malaquais

AU DÉSESPOIR IL DIT: "SOLEIL,"

à l'espoir: "Crépuscule."
Il est indifférence:
on dirait le gazon
qu'aucun cheval ne parvient à brouter.
Il repousse l'assaut
des mars et des novembres.
Est-il forteresse ou mépris?
Quand il devient le sirocco,
le sirocco s'apaise.
Il est sérénité qui sème la terreur.
Et si comprendre était un sabotage?

HE SAYS "SUN!" TO DESPAIR

and "Dusk!" to hope.
He is indifference:
a lawn you'd say
no horse could graze.
He stems the assaults
of March and November.
Is he fortress or contempt?
As he becomes wind,
the wind abates.
He is serenity sowing terror.
What if knowing were sabotage?

Translated by Jean and Elisabeth Malaquais

N'A-T-IL PAS CE MATIN SON ÂME

de roman populaire?
Il se souvient :
il se lisait dans quelque feuilleton,
pour en tirer son propre corps.
Il est le fils d'un mot très masculin
et d'un autre, plus tendre;
— et si c'était le même?
Il décide ce soir
de remplacer son alphabet
par des sapins, au nombre de vingt-six,
en ligne droite
devant la mer.

DOESN'T HIS SOUL THIS MORNING

belong in a popular novel?
He remembers:
he was reading himself in a serial,
wherein to find his own body.
He is the son of a most masculine word,
and of another, more tender one
— and what if it were the same?
Tonight he decides
to replace his alphabet
with twenty-six pinetrees,
in a straight line
facing the sea.

Translated by Jean and Elisabeth Malaquais

IL EST CHEZ SOI DANS L'ORIGINE.

Il tient sa fable en laisse,
comme un tigre repu.
Qui osera — tombeau, varech,
plume ou renard —
lui avouer
que la planète n'est plus vierge?
Il renverse les vins.
Il est plus maigre que sa loi.
Croire ou créer?

HE FEELS AT HOME WITHIN ALL BEGINNING.

He keeps his fable on a leash,
as a sated tiger.
Who'll dare — tomb, seaweed,
feather or fox —
tell him
the planet is virgin no more?
He spills the wines.
He is leaner than his law.
Believe or beget?

Translated by Jean and Elisabeth Malaquais

IL RALLUME LA NEIGE,

tirant l'oracle de ce puits.
La tramontane est si gourmande:
un village emporté,
deux presqu'îles perdues,
plusieurs comètes sans abri.
Par quel poème oserait-il les remplacer?
Il n'a plus de langage.
Peut-être qu'un melon
s'ouvrira sur un dieu.

HE REKINDLES THE SNOW

heaving the oracle out of this well.
The hurricane is so greedy:
a village gone,
two peninsulas lost,
several comets homeless.
What poem dare he place in stead?
He has no language left.
Perhaps a melon
will open onto a god.

Translated by Jean and Elisabeth Malaquais

LA ROSE A-T-ELLE DÉVORÉ LE ROSSIGNOL?

Un mot le gratte et lui demande un sens.
Il trouve très sacré
quelque chou rouge.
Toute poussière est attitude,
et tout ruisseau philosophie.
La fable a beau se tordre
comme femme en chaleur,
il lui préfère un peu d'absence.
Il ne peut accéder.
La rose a digéré le rossignol.

DID THE ROSE EAT THE NIGHTINGALE?

A word scratches him and begs for meaning.
He finds most sacred
some red cabbage.
Any dust is stance,
any brook philosophy.
Though the fable is writhing
like woman in heat,
he prefers absence.
He cannot reach.
The rose has digested the nightingale.

Translated by Jean and Elisabeth Malaquais

MÉPRISE,

comme une lèvre sur un sein.
Danse d'identités :
que de bourdons
pour obscurcir son regard si limpide !
Il ferme à clef tous ses enfers :
il ne condamnera personne.
Sa mémoire vivra
d'alcools, d'amour et de paniques douces.
Il prend soin d'une braise.
Le monde est si lascif,
qu'il peut sans crainte le réinventer.
Méprise, comme un sein.

FALLACY

like a lip on a breast.
Dances of identities:
so many bumble-bees
to dim his clearest look!
He locks his infernos:
he shall sentence no one.
His memory will live
on alcohol, love and gentle panics.
He nurses a charcoal.
The world is so lustful,
with no fear he can reinvent it.
Fallacy, like a breast.

Translated by Jean and Elisabeth Malaquais

UN CLOU POUR PENDRE L'ÂME.

Un doute pour rouiller le corps.
Il se joue comme un dé:
il roule sous la table.
Ne serait-il qu'un pardessus
pour son squelette qui le suit?
Depuis combien d'années ce vieux chapeau
remplace-t-il son crâne?
Le non-être est l'abus de l'être.
Il donne une dernière chance au dérisoire.

A NAIL TO HANG THE SOUL

A doubt to rust the body.
He casts himself like a die:
he rolls under the table.
What if he were but an overcoat
for his skeleton trailing behind him?
How many years has the old hat
replaced his skull?
Non-being is the abuse of being.
He gives the ludicrous a last chance.

Translated by Jean and Elisabeth Malaquais

IL JETTE L'ANCRE DANS UN RÊVE

qui lui promet plus de bateaux
qu'il n'est de scarabées
entre sa gorge et son genou.
Aux séquoias venus en ambassade,
il dit: "Pour mieux vous honorer,
permettez-moi de me couvrir d'écorces."
Il consulte le fleuve,
et ses visages
— le dur, l'amène, le trop dur —
deviennent l'eau, deviennent la musique.
Il est caillou chez les cailloux.
Il est bourrasque
pour plaire aux soeurs terribles des bourrasques.
Il serait mort s'il était ce qu'il est.

HE CASTS ANCHOR INTO A DREAM

that pledges more ships
than there are scarabs
between his neck and knee.
To the sequoias come as heralds
he says: "To better honor you
allow me to don bark."
He seeks advice of the river,
and his faces
— the harsh, the kind, the harsher one —
become water, become music.
He is pebble among pebbles.
He is storm
to please the terrible sisters of storms.
He would be dead were he what he is.

Translated by Jean and Elisabeth Malaquais

COMPRENDRE,

est-ce jeter le maïs au dindon?
Il traverse un désert
comme on traverse une âme.
Tous les cerveaux sont desséchés;
on dirait qu'un proverbe
n'ose pas dire adieu
aux bonnes gens qui l'ont nourri.
Il va chez le coiffeur,
puis il admire l'acrobate.
Si le marchand de calembours
lui proposait une fable érotique...
Il retraverse le désert.

TO UNDERSTAND

is it throwing corn to the turkey?
He crosses a desert
as one crosses a soul.
All brains are parched;
you would think a proverb
doesn't dare bid good-bye
to the nice people who have raised it.
He goes to the barber,
then admires the acrobat.
If the dealer in puns
offered him some erotic fable . . .
He recrosses the desert.

Translated by Jean and Elisabeth Malaquais

L'ENFER EST QUOTIDIEN COMME UNE POMME.

Pourquoi ce soir a-t-il deux pouls :
l'un trop rapide,
l'autre pareil à un voyage en barque?
Le paradis est si commun,
qu'il le confond avec l'armoire
aux carabines,
aux chapeaux mous,
aux mouchoirs pour trembler.
Ce qui lui reste d'existence,
il en allume une ou deux pipes.
Déjà le banal est sacré.

HELL IS COMMON AS AN APPLE.

Why has this evening two pulses:
one too fast,
one like a voyage in a boat?
Paradise is so trite,
he mistakes it for a cupboard
full of carbines,
felt hats,
kerchieves for trembling.
With the remnants of his life
he lights a pipe or two.
Already rut is sacred.

Translated by Jean and Elisabeth Malaquais

IL CRUCIFIE SES VERBES.

L'altitude vomit.
Que signifient tous ces tumultes
chez un homme plus seul
que le roc sans étang pour s'y mirer?
Le blé croasse
de se vouloir ciguë.
Il frappe un vieux mulet:
"Allons sur la montagne,
et disons aux torrents
que l'univers est cicatrice."

HE CRUCIFIES HIS WORDS.

Altitude vomits.
What is the meaning of these turmoils
in a man lonelier
than a pondless rock for a mirror?
Wheat caws,
wishing to be hemlock.
He strikes an old mule:
"Let us go on the mountain
and tell the streams
the world is a scar."

Translated by Jean and Elisabeth Malaquais

GRAND-MÈRE ÉCUME.

Les butins de ses rêves
iront aux brebis sans malice.
Il cherche en vain la parenté.
Il aimerait bénir une substance.
Vêtu de chiffres
ou de vautours,
il ne sait pas s'il est le voeu
d'une matière
sur le point d'abdiquer.
Grand-père marbre.
Il réinvente un rite.
Son coeur est barricade.
Paré pour les néants très savoureux.

GRANDMOTHER FOAM

The booty of his dreams
will go to harmless lambs.
He looks in vain for parenthood.
He'd love to bless a substance.
Clad in numbers
or vultures,
he wonders if he is the vow
of some matter
about to surrender.
Grandfather marble.
He re-invents a rite.
His heart is a barricade.
Ready for a juicy nothingness.

Translated by Jean and Elisabeth Malaquais

"MERCI D'ÊTRE MA PEAU."

"Merci d'être mon sang."
"Merci d'avoir ma chevelure."
"Merci de la folle unité."
Il rend hommage
à ce qui dans les vents,
les sables, les parfums,
aurait pu devenir l'épouse bien-aimée.
"Merci d'être l'échec."
"Merci de n'avoir pas de forme."
Présence, absence, ô morsures du couple.

"THANKS FOR BEING MY SKIN."

"Thanks for being my blood."
"Thanks for having my hair."
"Thanks for the crazy unity."
He pays tribute
to whatever,
sand, wind, fragrance,
might have become a beloved wife.
"Thanks for being the failure."
"Thanks for having no shape."
Presence, absence: oh lovers' fangs!

Translated by Jean and Elisabeth Malaquais

LE MAÏS EST HONNEUR.

Les boeufs s'en vont
comme de lents poèmes.
La roue serait-elle sacrée?
Femme facile à prendre,
lune vaincue à la façon des louves.
Il vit de se croire poreux.
Pour le guépard, doit-il inventer des caresses?
La moindre énigme
a le goût de la mangue.

MAIZE IS HONOR

Oxen are leaving
like slow poems.
Be the wheel sacred?
Woman easy to take,
moon overcome like a she-wolf.
He keeps alive trusting he is porous.
For the cheetah, must he invent caresses?
The slightest riddle
tastes of mango.

Translated by Jean and Elisabeth Malaquais

UN TROTTOIR CHANGE DE RUELLE.

Un visage devient ruisseau.
Un parc poursuit des voyageurs.
La fontaine se vend
à qui la veut, peut-être le cheval.
Un temple se détourne
pour éviter la prière trop pure.
Une ville s'efface:
il ne pourra jamais
trouver des murs pour y dormir.
Il porte sur le dos
un royaume si lourd.

A SIDEWALK SWITCHES LANES.

A face becomes a brook.
A park pursues travellers.
The fountain is on sale
to any bidder, even a horse.
A temple wheels away
to avoid too pure a prayer.
A city vanishes:
never will he find walls
to rest within.
He carries on his back
so heavy a kingdom.

Translated by Jean and Elisabeth Malaquais

IL CHOISIRAIT UNE PATRIE

comme on choisit l'amitié des oranges.
Il choisirait un siècle
comme on choisit sa montre
chez l'horloger qui est aveugle.
Il choisirait une âme
comme un tissu gris perle
qui fût souple à la paume.
Il irait voir le chirurgien :
quelle biographie
de verre ou de faïence
lui paraîtrait plus acceptable que les autres ?
Raison, ustensile brisé.

HE WOULD CHOOSE A FATHERLAND

as one chooses the friendship of oranges.
He would choose a century
as one chooses a watch
at the blind watch-maker's.
He would choose a soul
like a pearl-gray cloth
soft to the palm.
He would visit the surgeon:
what biography of glass or chinaware
would seem more acceptable than any?
Reason, broken tool.

Translated by Jean and Elisabeth Malaquais

IL S'ARRACHE UN INDEX :

la pierre pleure.
Il se coupe le bras :
la colline frémit.
Il se démet l'épaule :
la cascade s'arrête.
Il s'enlève un genou :
la comète se pend.
Il met son coeur à la poubelle :
l'océan cesse de chanter.
Il ne souffrira plus :
c'est eux qui souffrent.

HE TEARS OFF HIS FINGER:

the stone cries.
He cuts off his arm:
the hill shivers.
He dislocates his shoulder:
the cascade freezes.
He removes a knee:
the comet hangs.
He throws his heart into the garbage:
the ocean stops singing.
He shall suffer no longer:
they will suffer.

Translated by Jean and Elisabeth Malaquais

IL SE CONFOND

avec les erreurs les plus simples :
la nuit qui surprend la presqu'île
à l'heure des amours,
le volcan qui avale
ses amis les chevaux.
Il est pareil aux évidences :
miroir où les âmes sont doubles,
poisson qui ignore la guerre
entre le temps perdu et le temps décédé.
Il est presque anonyme :
une épitaphe
qui n'aurait pas trouvé sa tombe.

HE BLENDS

with the most simple errors:
the night that catches the peninsula
in the act of love,
the volcano that swallows
his friends the horses.
He is like all things obvious:
mirror where souls are duplicate,
fish that disregards the war
between time lost and time deceased.
He is almost anonymous:
an epitaph
that wouldn't find its grave.

Translated by Jean and Elisabeth Malaquais

UN PROVERBE L'ENTRAÎNE

au fond d'un bouge où les derniers marins
ont laissé leur squelette
pour payer de pénibles amours.
Sa vie est contrebande:
il achète l'ennui, il vend le rêve;
sa peau a la couleur des livres mal relus.
S'il avait du talent,
il peindrait le portrait
— bleu de Prusse, indigo —
de ses meilleurs malentendus.

A PROVERB DRAGS HIM

into a brothel where the last sailors
have left their skeletons
to pay for dreary raptures.
His life is smuggling:
he buys boredom, he sells dreams;
his skin is the colour of ill-read books.
If he had talent,
he would paint the portrait
— Prussian blue, indigo —
of his best blunders.

Translated by Jean and Elisabeth Malaquais

VERBE VOYOU.

Verbe à la tire.
Verbe à finir dans un cachot.
Quelle seringue
pour injecter la poésie?
Le moindre mot lui coûte un arbre centenaire,
une montagne nouveau-née,
les trois quarts de la lune.
Il rend justice à la démence.
Verbe de joie comme une fille.

HOOLIGAN VERB

Pickpocket verb.
Verb to be thrown into jail.
What syringe
to inject poetry?
The meekest word cost him an ancient tree,
a newly-born mountain,
three quarters of the moon.
He does justice to insanity.
Verb of pleasure like a woman.

Translated by Jean and Elisabeth Malaquais

UN SOLEIL QUI ABOIE,

une lune qui prie,
un soleil clandestin pour les enfants voleurs,
une lune déjà prostituée,
un soleil pour crier "je suis présent",
une lune pour dire "aurais-tu disparu?",
un soleil de raison,
une lune de peste :
il a juré la mort de tout espace.

A SUN THAT BARKS,

a moon that prays,
a confidential sun for boyish thieves,
a moon already whoring,
a sun to yell "here I am",
a moon to say "did you disappear?",
a sun of reason,
a moon of plague:
he swore death to all space.

Translated by Jean and Elisabeth Malaquais

CHAIR À CHAIR, PAGE À PAGE,

où vont les appétits
de l'âme qui confond
extase, indifférence, amour?
Il rédige une lettre
pour l'homme qu'il sera.
Tant d'énigmes frileuses!
Ombre à ombre, île à île,
où finiront
les images jetées
comme embryons dans la poubelle?
Il efface, il efface.
Sauvera-t-il la peau du doute?

FLESH AGAINST FLESH, PAGE AGAINST PAGE

whereto the lusts of the soul
mistaking
love, indifference, ecstasy?
He drafts a letter
for the man he shall be.
So many chilly riddles!
Shadow against shadow, isle against isle,
where will the images end,
thrown like embryos into the garbage?
He erases, erases.
Will he save the skin of doubt?

Translated by Jean and Elisabeth Malaquais

IL VOIT DES ATTITUDES

à la racine, à la branche maîtresse.
Il s'interpose
entre fleuve et montagne,
sachant que tous les deux respectent
sa sévère ferveur.
Il tait.
Il multiplie
les épopées de l'océan qui se dépense.
Il est sainte salive.

HE ESPIES ATTITUDES

in the root, in the main bough.
He mediates
between river and mountain
knowing both respect
his stern fervour.
He silences.
He multiplies
the epics of the self-consuming ocean.
He is saint saliva.

Translated by Jean and Elisabeth Malaquais

MAINTENANT QU'IL A BU

jusqu'au fond du tonneau
l'imaginaire,
toute réalité lui est supplice
comme le rat crevant sous les bubons.
Il effleure le chêne :
déjà son catafalque !
Il s'adresse à l'étang :
est-ce pour y couler à pic ?
Il ne lui reste rien que l'absolu,
ou le soir quelque mouche
dont il arrachera les ailes.

NOW THAT HE HAS DRAINED

the cask of fancy dry
reality has him plagued
like a bubo-stricken rat.
No oak but turns
to coffin at his touch,
no waters scanned
but summon to their bed.
All he has left is the absolute
or the odd fly at evening
to tear from its wings.

Translated by Samuel Beckett

POURQUOI FAUT-IL QUE LES LUNDIS

étranglent les dimanches;
et l'automne, l'été;
et l'heure adulte, l'heure la plus jeune?
Sous les jardins,
d'autres jardins ont expiré.
Derrière le soleil,
d'autres soleils succombent,
comme de vieux habits dans une armoire.
Il n'interroge plus:
il aime une musique.

WHY MUST THE DAY

undo its eve,
autumn summer,
grown years the years agrowing?
Gardens under these
have rotted.
Suns like cast-off
raiment perish
beyond this noontide.
He has no more questions.
There is a music he loves.

Translated by Samuel Beckett

IL NE PEUT VIVRE QUE BRISÉ EN CENT MORCEAUX

qu'il ramasse, recolle
et veut confondre.
Ce fragment-ci fut l'instinct du bonheur;
celui-là un amour presque vécu.
Un bout de cuir
est le déchet de son enfance.
Il craint l'identité,
pouliche offerte par le fleuve
aux poissons carnivores.

HE CAN ONLY LIVE IN SHIVERS

he gathers up and pieces together
in fond disarray.
This bit was the bent for happiness,
that a love might once have been,
this scrap of hide
the remains of childhood.
He fears identity that foal
borne in offering by the stream
to the fishes of prey.

Translated by Samuel Beckett

AMOUR APRÈS AMOUR...

      À Aragon

Amour après amour. L'objet se dit
Monarque sidéral. Ouvrez la porte
Si la fenêtre tousse. Un vendredi
Plus triste qu'un jardin blessé. "J'avorte",

Crie la cascade au fond de la forêt.
Mystique après mystique. Un requin danse
Comme une fête carnivore. Attrait
Du vide par le mot. Sainte ignorance.

Fable après fable. O siècle trop ventru!
Leçon de chose: une pierre soupire,
Un oiseau saigne, une île a disparu.
Le poème ne peut sauver l'empire.

La vérité, ce sucre: il est dissous.
Lune après lune. On invente les hommes
A la façon des appareils à sous.
Peur après peur. Quelques passants consomment

Leur propre chair. Nous sommes en prison.
Planète après planète. Un mur est ivre,
Pour se moquer de nous. Plus de raison.
L'atome a confisqué les derniers livres.

LOVE AFTER LOVE
To Aragon

Love after love. The object dubs itself
A sidereal monarch. Open the door,
Should the window cough. A Friday
Sadder than a wounded garden. "I abort",

Cries the cascade at the heart of the forest.
Faith after faith. A shark dances
Like a carnivorous feast. The word
Luring emptiness. Holy ignorance.

Fable after fable. O potbellied age!
Object lesson: a sighing stone,
A bleeding bird, a vanished isle.
The poem cannot salvage the empire.

Truth, that lolly: it has melted.
Moon after moon. They contrive men
Just like slot machines.
Fear after fear. Some passers-by feed

On their own flesh. We are in prison.
Planet after planet. A wall is drunk
For poking fun at us. No more is reason.
The atom confiscated all remaining books.

*

Rage et refus. La santé du malheur.
L'inconnu, par mépris du connaissable.
Orgueil de suie. Le non-être vengeur
Farde ses treize bouches. Nous le sable

Que remplace déjà le sable mort.
Tous les néants sont gras. Folle mémoire,
Refuse-nous ton carrousel. Qui sort
De soi, sera sauvé. L'espèce dérisoire

Mérite quel sursis? Course à l'abstrait.
Aucun coeur ne battra. Le sperme annule
Les plus belles amours. Nous sommes prêts
A prendre comme un train ce crépuscule.

Défense d'exister. Le jour s'éteint.
Dire devient un ennemi de dire.
Privés de nos genoux, pour que l'instinct
Cède à l'esprit ses plus riches délires.

Jurez-nous que la mer n'est plus la mer,
Mais un drap déchiré par les clientes
D'un hôtel pour lépreux. Dans quel enfer
La rose est-elle rose, l'inconsciente?

Frenzy and denial. Healthiness of adversity.
The unknown, out of scorn for the knowable.
Sooty pride. The vengeful nonbeing
Makes up its thirteen lips. We the sand

By the dead sand already supplanted.
Fat is all nothingness. Demented memory,
Deny us your carrousel. He shall be saved
Who casts himself off. What reprieve

Does the silly breed deserve? Dashing for the abstract.
No heart will beat. Sperm voids
The fairest love. Like a train
We are ready to board this twilight.

Existing forbidden. Daylight is fading.
Saying becomes the enemy of saying.
Of our knees bereft, so the instinct
May surrender its frenzy to the spirit.

Swear to me that the sea is sea no longer,
But a sheet torn by the tenants
Of a hotel for lepers. In what hell
Is the unwitting rose a rose?

Au fond du vent, le vent paralysé
A pris racine. O montagne suspecte
A toutes les montagnes! Vous lisez
Que l'homme vit : démentez-le. L'insecte

Informe et froid devient notre cerveau.
Neutralité. Matière négative.
Nous changerons de monde car il vaut
Un melon dépecé. Trop de salive.

The paralysed wind has taken root
At the bottom of wind. O mountain mistrusted
By every other mountain! You read
That man is alive: deny it. Shapeless

And bleak, the insect becomes our brain.
Neutrality. Negative matter.
We shall change worlds, for they are worth
A carved melon. Too much spittle.

Translated by Jean Malaquais

SEPT CRIS POUR LA RUSSIE

A Michel Koudinov

I

ma Russie ma Russie
pas un caillou pour moi?
pas un épi de blé qui prononce mon nom?
pas un village
qui se mette à courir
dès que je dis bonjour?
je suis le fils de l'ironie
je suis le fils du doute
dans mes poèmes
je parle d'univers qui n'ont pas existé
je m'adresse à des hommes
trop manuscrits
la peur de vivre a bu mon sang
et je suis maladroit
comme un zèbre perdu chez les poulains
ma Russie ma Russie
je promets d'être naturel à mon retour
je ne supporte plus ce corps sans corps
ni cette âme anonyme

SEVEN YELLS FOR RUSSIA

To Michel Kudinov

I

My Russia my Russia
not a pebble for me?
not an ear of corn spelling my name?
not a village
breaking into a run
the moment I say hello?
I am the son of irony
I am the son of doubt
in my poems
I tell of uncreated worlds
I call upon men
all too manuscriptal
fear of living drank my blood
and I am awkward
like a zebra strayed among colts
my Russia my Russia
I promise to be artless on my return
no longer can I stand this bodiless body
nor this anonymous soul

II

je te connais trop bien
    fleuve aux plumes voraces
je te connais trop bien
    tempête avec ton oeil d'iguane
je te connais trop bien
    île pubère à qui je dis je t'aime
je te connais trop bien
    luxure d'une étoile divorcée
je te connais trop bien
    mot vénéneux
    verbe qui caches des séismes
je ne me connais plus
je vous implore
il faut me rendre mon identité
je reviens en Russie
pour devenir moi-même
et n'admets pas
d'être inventé par vous

III

de part et d'autre de l'atome
  sterons-nous humains?
   ellule sais-tu
   e tu dois nous survivre?
   lèpre a terrassé les mots
  ur que leur agonie soit douce
  ne faut plus les prononcer
  urgeons préparez-vous
  ur votre rôle de monarques
  cancer est couché dans nos proverbes

II

I know you too well
    river with the greedy plumage
I know you too well
    storm with your iguana eye
I know you too well
    pubescent island I love
I know you too well
    lust of a divorced galaxy
I know you too well
    poisonous word
    speech hiding earthquakes
I know myself no more
I beseech you
do restore my identity
I return to Russia
to become myself
and do not allow
being contrived by you

III

shall we remain human
on either side of the atom?
dragonfly do you know
you are to survive us?
leprosy has crushed the words
so their agony be gentle
one must utter them no more
buds make ready
for your kingly part
cancer sprawls among our proverbs

que l'on ampute
de leurs plus belles vérités
basalte
va prendre tes leçons d'hégémonie
de part et d'autre de l'atome
nous sommes rétrécis

IV

une Russie dans la vertèbre
une Russie sur le menton
une Russie au cou
une Russie entre les bras
sous la plèvre combien de Russies?
contre l'aorte une Russie de sang
entre les deux poumons
Russie Russie qui soupire et qui rit
genoux pour Russies fatiguées
épaules pour Russies qui dansent
là-bas dans les jardins charnels
Russie à la place des yeux
Russie en échange des doigts
trop de Russies au coeur
pour qu'il puisse rester
une Russie à la Russie

V

chez vous
    les gros soleils descendent-ils
        pour essuyer l'excédent de leur feu
        contre les rives de la mer?
chez vous
    les bouleaux rampent-ils

lopped off from their loftiest truth
basalt
go learn your lessons in supremacy
on either side of the atom
we have shrunk

IV

a Russia in the backbone
a Russia on the chin
a Russia around the neck
a Russia in the arms
how many Russias under the pleura?
close to the aorta a Russia bleeding
between both lungs
Russia Russia sighing laughing
knees for weary Russias
shoulders for dancing Russias
over there in the carnal gardens
Russia instead of eyes
Russia in exchange for fingers
too many Russias in the heart
for Russia to be left
with a Russia

V

back in your country
    do the big suns come down
    to wipe away on the seashore
    their excess of fire?
back in your country
    do birches crawl

    à l'aube
    vers les insectes qui ont peur
    de la raison
    cette fée grise?
chez vous
    les villes
    font-elles leurs bagages
    pour aller vivre sans les hommes
    dans la dentelle
    des écureuils?
chez vous
    aime-t-on le pain au goût de vertige
    les compagnons
    qui devinent les mots trop somnambules
    les pierres qui apprennent
    automne après automne
    à remplacer le rire des absents?
chez vous
chez nous
chez moi
je veux confondre

VI

je suis né de la guerre civile
et la guerre civile est en moi
entre le chêne
qui veut être mon fleuve
et mon fleuve qui m'ordonne de le changer
en terrible forêt
je suis né sur les barricades
et tout n'est plus que barricade en mes poumons
je dois me battre pour les hommes
je dois me battre pour la solitude
ô l'amitié

      at dawn
      toward insects afraid
      of reason
      that dull fairy?
back in your country
      do cities
      pack their luggage
      to go and live away from man
      in the squirrels'
      lace?
back in your country
      do they like the dizzy-tasting bread
      the companions
      who can guess the sleepwalking words
      the stones that learn
      autumn after autumn
      to laugh in stead of the absent?
back in your country
back in our country
back in my country
I want to baffle

VI

I was born of civil war
and civil war is within me
between the oak
that wants to be my river
and my river that commands me to change it
into an awesome forest
I was born on the barricades
and everything in my lungs is but a barricade
I must fight for men
I must fight for solitude
o friendship

ô le vertige
moi qui suis né pour la révolte
c'est la meilleure loi
les mots fraternels tuent
et les mots rares tuent
et je tue tous les mots
car ils trahissent
car ils vivent sans moi
je suis le partisan
et mon parti est le parti de la poussière
de la rose étranglée
de la bourrasque nue
je suis le franc-tireur
et mon tir se dirige
sur la fable qui vole
là-haut parmi les arbres très légers
j'écris une syllabe et la voilà cigogne

VII

il faut appartenir
ce bouleau est mon maître
qu'il pense
qu'il pense à mieux m'aimer
ce fleuve
est fleuve de ma poésie
qu'il me dicte une phrase
qu'il me dicte cent phrases
cette maison
a de la chair pour moi
mon corps mon âme
et de quoi les unir
cette province

o dizziness
I who was born to rebel
it is the highest law
fraternal words kill
and rare words kill
and I kill all the words
for they betray
for they live away from me
I am the partisan
and my party is the party of dust
of the strangled rose
of the naked squall
I am the sniper
and my fire is aimed
at the fable flying
up there among the weightless trees
I write a syllable and at once it is a stork

VII

one must belong
this birch is my master
let it think
let it think how to better love me
this river
is the river of my poetry
let it dictate a sentence to me
let it dictate a hundred sentences
this house
is my flesh
my body my soul
and that which holds them together
this domain

j'en suis le citoyen
j'en suis le seul poète
j'appartiens j'appartiens
j'ai trop d'images
à supporter

I am its citizen
I am its sole poet
I belong I belong
too many images
must I bear

Translated by Jean Malaquais

LA TERRE ÉCRIT LA TERRE

(Poèmes pour un peintre)

I

La terre écrit la terre.
La terre chante,
et c'est pour la lune,
et c'est pour le vent qui ne sait où il va.
La terre est une main
qui crée la terre.
La terre est une voix
qui dit la fleur, le caillou, le sillon.
La terre écrit l'homme
et chante le poids du temps,
et pleure la saison oubliée.
La terre est le monument à la mémoire.

II

Sous les étoiles fermente le grain.
Sous le grain dorment les étoiles.
Il faut confondre fruit et soleil.
Il faut donner la nuit au jour
et le jour à la nuit.
Pourquoi les branches
n'ont-elles pas leurs racines
dans les nuages qui boudent?
Écrire le mystère,
c'est le remplacer pour un autre mystère.
Peindre la nature,
c'est en changer le corps.
La pluie emporte l'homme
comme le pinceau emporte le peintre.
Les étoiles germeront.

EARTH WRITES THE EARTH

(Poems for a painter)

I

Earth writes the earth.
The earth sings,
and it is for the moon,
and it is for the wind who does not know its course.
The earth is a hand
creating the earth.
The earth is a voice
speaking of the flower, the pebble, the furrow.
Earth writes man
and sings of the weight of time
and weeps over the forgotten season.
Earth is memory's memorial.

II

Under the stars the grain rises.
Under the grain the stars sleep.
Fruit and sun must be joined.
Night must be given to day
and day to night.
Why don't branches
have their roots
in sulking clouds?
To write of mystery
is to replace it with another mystery.
To paint nature
is to change its body.
Rain carries man away
as the brush carries the painter away.
The stars will spring up.

III

Quelle main a jeté ce paysage?
Quelle gorge de femme va prendre ce ciel?
La colline est humaine.
L'horizon vit au fond de l'oeil.
La mer voudrait être un genou.
Un dieu a ramassé la terre
comme on ramasse les raisins.
Le soleil bâille de bonheur.
La main du peintre s'énerve:
il faut une autre planète,
il faut tant de nouveaux soupirs.

IV

Un esprit malicieux a découpé
   royaume en lanières
   comme on découpe un cerf dans les bois.
   est vrai que chaque province
   un gibier,
   chaque village est un insecte pâle.
   commençons:
   esprit malicieux a découpé
   montagne pour le peintre.
   t vrai que chaque province
   une toile
   onneur du peintre qui la dessine.

III

What hand cast out this landscape?
What woman's breast will take this sky?
The hill is human.
The horizon lives in the depths of the eye.
The sea would wish to be a knee.
A god has picked up the earth
as you pick grapes.
The sun gapes with joy.
The painter's hand itches:
he needs another planet,
he needs so many new sighs.

IV

A malicious spirit has carved
the kingdom into strips
as you butcher a deer in the woods.
It is true that each province
is game,
that each village is a pale insect.
Let us begin over:
a malicious spirit carved
the mountain for the painter.
It is true that each province
is a canvas
in honor of the painter who draws it.

V

Chaque fois qu'un ver luisant
devient une île,
quelqu'un pleure :
c'est pour que l'arbre
consente à rester arbre ;
c'est pour que la pierre
veuille bien demeurer pierre.
Il ne faut pas que la seule loi
soit celle de la métamorphose.
Le réel respire,
le vrai est doux.
Mais il faut rêver,
pour que le vrai réel
devienne enfin le réel.

VI

Inachevé,
comme du sang qui n'ose pas se mettre en route.
Inaccompli,
comme le corps perdu au fond des transparences.
Indicible,
comme le mot qui a des plumes bleues.
Inconnu,
comme ce qui bouge entre l'aurore et l'aurore.
Imprévu,
comme le soleil caché derrière le soleil.
Inimaginable,
comme le visage au fond du visage.

V

Each time a firefly
becomes an island,
someone cries:
so that the tree
will agree to remain a tree;
so that the stone
will be willing to remain a stone.
It is not right that the one law
be that of metamorphosis.
What is real breathes,
what is true is sweet.
But one must dream
so that the true real
will at least become real.

VI

Unfinished,
like blood not daring to start on its course.
Unaccomplished,
like the body lost in the well of transparency.
Unspeakable,
like the word with blue feathers.
Unknown,
like that which moves between dawn and dawn.
Unlooked for,
like the sun hidden behind the sun.
Unimaginable,
like the face deep within the face.

Incréé,
afin qu'on le crée dans la douleur
et dans la joie.
Infini, infini, infini.

VII

La plaine est une erreur.
Le ciel s'en veut d'être ciel.
Parfois, l'espace songe au suicide.
Ah! si l'univers pouvait s'effacer,
ou devenir un néant plus adulte!
L'avenir comme un lait tourne,
et tourne, et tourne
jusqu'à se vomir.
Respirer devient une torture.
Entre la dérision et la grimace
qui nous dira
combien d'étoiles dorment en paix?

VIII

Pour couronner.
Pour être multiples
au bord de la joie.
Pour enseigner au vertige
un vertige meilleur.
Pour provoquer
ceux qu'on ne provoque plus.
Pour être en accord
dans la plus folle déchirure.

Uncreated,
so that it will be created in pain
and in joy.
Endless, endless, endless.

VII

The plain is a mistake.
The sky is mad at being sky.
At times, space dreamed of suicide.
Ah! if the universe could be blotted out,
or become a more grown-up void!
The future like milk, turns sour,
and keeps on turning
until it begins vomiting.
Breathing becomes a torture.
Between ridicule and grinning
who can tell us
how many stars sleep in peace?

VIII

To place a crown.
To be many
at the edge of joy.
To teach madness
a better madness.
To provoke
those who are no longer provoked.
To be in agreement
within the maddest heartbreak.

Pour célébrer
en libérant,
pour libérer
en célébrant.

IX

Ma nébuleuse danse.
Je lui offre un horizon très jeune.
Je lui demande une forme.
Il se peut qu'elle veuille dormir.
Pourquoi refuse-t-elle de boire?
Les ciels sont inquiets.
Les terres sont lasses de courir.
Je ne songe pas à l'abattre.
J'accepte qu'elle gifle toutes mes îles.
Elle préfère l'exode,
pauvre nébuleuse.
Demain elle aura son premier visage.

X

Loi de la tache.
Besoin de la ligne.
Nécessité de l'alphabet.
Désir de la plume.
Rouge, noir, violet.
Mot, mot, mot qui déteste le mot.

To celebrate
when one sets free,
in order to set free
at the time of celebrating.

IX

My galaxy is dancing.
I offer it a youthful horizon.
I ask it to show a form.
It may prefer to sleep.
Why does it refuse a drink?
The skies are restless.
The lands are weary of racing.
I do not dream of bringing it down.
I allow it to slap all my islands.
It, poor galaxy,
prefers an exodus.
Tomorrow it will have its first face.

X

Law of the blemish.
Need of the line.
Necessity for the alphabet.
Desire for the pen.
Red, black, purple.
Word, word, word detesting the word.

Verbe à paupières.
Débris de la conscience.
Fragments de la raison.
Le monde est beau
si je consens à le définir,
mais j'en mourrai.

Verb with eyelids.
Particles of conscience.
Shreds of reason.
The world is beautiful
if I agree to define it,
but I will die from doing that.

Translated by Wallace Fowlie